JN140650

カロートの中

——佐藤武 詩集——

目次

暮れ行く大地 ……… 4
陽は沈む ……… 6
土に還るとき ……… 8
孤独 ……… 11
泡沫 ……… 12
死者の呟き ……… 13
鈴虫 ……… 16
波濤 ……… 17
貌に纏わる話 ……… 20
蚯蚓の呟き ……… 23
カロートの中 ……… 26
虫けら ……… 33
墓石の中 ……… 38
終焉 ……… 44
添い寝 ……… 48
秋の海原 ……… 50
空しい日々 ……… 52
さだめ ……… 57
海 ……… 59
愛しき人 ……… 62
故郷 ……… 64
語りかける絵 ……… 67
絵が腐る ……… 69
雪降るころ ……… 70
時空を越えるとき ……… 72
虚無 ……… 75
路 ……… 77

春 ……… 78
東風 ……… 80
道 ……… 82
死(一) ……… 84
死(二) ……… 86
夕暮れ ……… 87
見捨てられた墓 ……… 89
老いる ……… 91
皺 ……… 93
緑陰の果て ……… 95
蜉蝣 ……… 98
冬の日 ……… 100
秋日 ……… 102
春がやってきた ……… 103
蜘蛛の食卓 ……… 105

死者の巡礼 ……… 107
生きたや、死にたや ……… 113
灰となり ……… 116
難破船 ……… 118
暮れ逝く水辺 ……… 120
霊園 ……… 122

あとがき ……… 132

略年譜 ……… 140

暮れ行く大地

宙(そら)は赤みを帯び
刻々と近づく
暗闇を誘い込み
大地は赫々と染まってゆく

建造物は朽ち果て
茫漠とした
静寂の果てに
終焉を告げるかのように
陽は沈む

凡ての物は

この果てしない
時空の中で誕生し
この時空の中で
終焉を迎える

ここに変わることのない
情景がある

陽は昇り
陽は亦　沈む

陽は沈む

陽は炎（も）ゆり
海は赤く反照
揺れる風浪（ふうろう）はまぶしく煌く

地平線は歪み
陽は終焉を告げるかのように
海原の彼方に沈みゆく

滾る吾が魂は
深い海の底に沈みゆく

闇の深海は

静寂な
孤独の世界があるだけだ

波一つない
途方もなく広い　この深海の
水量と
水圧は
死の領域なのかも知れない

闇の海からは
精霊の歔欷（きょき）のうねりが聴こえてくる

土に還るとき

亡骸は蒼白きガスバーナーで焼かれて逝く
老いゆく終末が軽石のような
白き骨と灰である

昔は火葬場の煙突から
空しき煙が漂うと
誰かが死んだのだと想い巡らし　天空を仰ぎ
合掌したものである
最近は最後の煙さえも
幾重のフィルターにかけられ
火葬されて逝く
煙一つ漂わないのである

奇麗な大理石が床一面に敷かれ
礼儀正しく
ロボットのような案内人がいて
決められた時間の中で　マニュアル通りに
無残にも焼かれて逝く
遺骨は棒で突かれ無理やり骨壺に納められる
幽かな灰の異臭が漂う

坊主が高額な金額を事務的に請求してくる
一文字に高額な戒名を誰しも付ける
私には戒名はいらない
私の亡骸は規律正しい時間の中で
火葬されて逝くのは
まっぴらごめんである
暁の陽光のそそぐ森の中で息絶え

生きる物の餌となり
朽ち果てたいと想う
この大地で生まれ
この大地で死する
それが自然の理法である
残りし骨は
やがてこの大地の
草花となる

孤独

画家は孤独であるべきだ
孤独は実にいい
快楽からは何も生まれてこない
孤独は実にいい
深く心のなかを彷徨(さまよ)う
ことが出来る
孤独は実にいい
底知れぬ不安と
孤独の空隙から絵画は生まれてくる
孤独は実にいい
孤独が無いと人間であることを
見失うものである

泡沫（うたかた）

きょう生まれては
きょう死に逝く
砂浜の泡沫のように
生まれては
プッ
プッ
と
はじけては消えて逝く
波寄せては遠のく
生まれては
死に逝く
不思議な世界だ！

死者の呟き

柔らかな微風が通り過ぎてゆく
　私は冷たき石の中
蝶が絡み合うように舞っている
　私は冷たき石の中
蒼穹に浮き雲が昼寝をしている
　私は冷たき石の中
夕映えに何処に向かう鳥の群れ
　私は冷たき石の中
蒼白月が照らす森の明るさ
　私は冷たき石の中
東雲（しののめ）むかえ薄紅色の天空
　私は冷たき石の中

時計が歪み　時を刻むのを停止
文字盤の数字が過去の私を拾い出す

もう　月を眺め詠うこともない
もう　その手を握ることもない
もう　その口元を触れることもない
もう　その筆をもつこともない
もう　白きキャンバスの奥を見つめることはない

黄泉の世界は冷たく暗い
孤独が闇黒の世界に無限にぶら下がっている
孤独が狭き石の中に
無限に詰まっている
孤独が死者の眠りを妨げている

ああー
歪んだ時計は二度と時を刻まない

鈴虫

氷雨降るころ
叢で獨唱（どくしょう）している
リィーン　リィーン
弱々しい旋律は
静寂（しじま）の夜にこだます

夜に歌うことを誇（ほこ）っていた
鈴虫の獨唱が消えた
夜は恐ろしいほど静寂だ

雪虫が舞う
晩秋である

波濤（はとう）

地平線が歪み
蒼い海が沈黙を破るとき
海は鉛の塊となり
大地の凡てを呑みこむ

この惑星はいま青年期なのか…
激しく揺れ動き
息を吹き出すかのように波濤がおしよせる

大きな口を開けた波濤は
まるで養殖場の魚が
パクパクと口を開け　食べつくす情景が広がる

空は暗く歪み
雲は大地に　海原に垂れ下がる
自然は何事もなかった如く
陽は沈み　陽は昇ってくる

たった一つ　私は知ることが出来た
この空に神がいないことを
この海に神がいないことを
この大地に神がいないことを
この宇宙に神がいないことを
私は知った

*

この海に存在する　深く重い孤独はこの惑星の

死の領域だ！

この大自然にはとてつもなく恐ろしい
化け物が息をし　潜んでいることを忘れてはいけない
そう…いつも君の足元に…

貌に纏わる話

眼

私の眼には
小さな泉がある
夜になると
溢れ落ちる

鼻

女の臭いがする
甘い
赤い

薔薇の香
今日
収骨から漂う女の臭いを嗅ぐ

口

口は忙しい
開いたり　閉まったり
食べたり　吐き出したりする
おまけに　物を言いだすから
厄介だ！

耳

鈴虫の音色
車の騒音

人間どもの叫び
すまして訊くと
時空の幽かな音が訊ける
真空の音だ！

髪の毛

無表情だ
抜け落ち
光り輝くこともある
髑髏に黒い髪の毛が
残っているときもある
無気味だ！

蚯蚓(みみず)の呟き

私には呼吸する装置がないのです
私は皮膚呼吸で生命を維持しています
呼吸装置がないため　雨水が土の中に溜まると酸素が薄くなり
息苦しくなります
土が太陽光で熱くなると　体温調整が出来なくなります
私たちは必死で地上にはい出ます
目のない私たちの最も危険な生きるための逃避なのです
路上で車に轢(ひ)かれたり
心無い人間に　ただ気味の悪い生き物との理由だけで
踏みつけられるのです

私たちは水分が百パーセントに近い生き物なのです

皮膚に浸透圧の調整とか　保湿断熱能力がないため
地上の陽光にさらされれば　日焼けと乾燥により干からびます
ヒルの捕食攻撃から逃れるために地上に出ることもあります
ヒルは　昼間は活動せず夜襲ってくるのです
早く地中に戻らないと…夜が明けてきます
陽が照りだすと　水分がだんだんと無くなり　活動できなく
死滅していくのです
私たち蚯蚓はひたすら　やせた土地を耕してきました
四億年かけこの豊かな大地に貢献してきた環形動物蚯蚓です

「そんな目線で見つめないで下さい、またまた　ひょっとして
釣りの餌になんて考えているのではないでしょうね？」
鳥に食べられたり
魚の餌にされたり
あげくの果てに足で踏みつけられたりするのです
地球に貢献してきた蚯蚓は　ほんとうに哀れな生き物です

——せめて目があれば……

どんなに世界が広がるか………

蚯蚓のたわいないお話です

カロートの中　（※）

三日三晩降り続く雨、止むようすがない。

カロートの中、蚯蚓（みみず）が一匹、私を突いている。

「トン、トン」

いやな奴だ、気味が悪い。

「何か用かい、ここはおれ様のカロートだ」

「特別な用事はないのですが、毎日雨が続き土中は水で溢れてしまい、空気を吸うことが出来なくなりましてね、無我夢中で地上に出ようとしていたら、偶然こんなに空気がたっぷりある場所に辿り着いたわけです。私たち蚯蚓は地上に出ると、目が見えないものですから、人に踏まれたり、車に轢（ひ）かれたり、陽がさすと干からびるのです。ほんの一刻ここで空気を吸わせていただけませんか」

赤黒くピカリと煌く肌、ぐにゅ、ぐにゅ、と体を揺らし、私の頬を突いたり撫でまわす。そのうす気味悪さは鳥肌がたつ。

まさか…牝…！

「それは亦、可哀そうな話ですね、目が見えないなどとは思いませんでしたよ。どこかに小さな目があるものと思っていました。それにしても蚯蚓って変な名前ですね」

「この名前は《目見えず》からメメズになり、転じて蚯蚓になったらしいです。それも偉そうに人間さまが付けてくれましてね……」

この蚯蚓、やけに私に密着してくる。

「それにしても随分と醜い姿ですね。あまり近寄らないで下さい」

「あら、私としたことが失礼いたしました」

「そんな薄着ではこの冬は越せないでしょう」

「人間さまと違いまして変温動物なのです。冬は冬眠するのですよ」

「なるほど、冬は冬眠するのですか。それにしてもいろいろな土壌動物がいますが、その中でも蚯蚓は気味の悪い生き物ベスト10に入りますね」

「あら、私から見たらあなたの方がとても無気味ですよ」

「えー蚯蚓さん、目が見えないのにどうして分かるのですか」

「口触手ですよ、目がなくても暗闇の中ですと、だいたい分かるのです。驚きましたか」

「なるほど、今まで蚯蚓の生態など考えたことがなかったですよ」

「ところで、されこうべさん、そんな姿で目が見えるのですか」

「これは仮の姿、人間さまには死しても黄泉の世界があり、魂…霊魂がありましてね……蚯蚓さんにはきっと霊魂と言ったものが有りませんよね。私はこのカロートの中で地上界を見つめています、凡てが見えているのです。分かりましたか蚯蚓さん」

「偉そうにおっしゃいますが、人間さまがこの地上を這いずり廻ったのが五百万年前ですよ、私たち蚯蚓は四億年前から生きているのです」

「えー四億年！」

「はい、四億年です。如何ですか、驚いたでしょう。四億年前からこの大地をひたすら耕してきた環形動物蚯蚓です。英語で蚯蚓は"Earthworm"（地球の蟲）と言った意味です。如何ですか、驚いたでしょう。」

「そうですか見かけによらず大切な生き物ですね。随分と失礼なことを言ってしまい申し訳ない」

「それにね、人間さまは大切な生き物、蚯蚓を魚を釣る餌にしたりするのですから呆れます。お尻あたりから曲がった針で、ぐさりと刺され、お腹をぐいぐいと回され、頭の手前で止めるのです。針が見えたら魚が警戒して食べないとか…あの痛みと苦痛、分かりますか」

「いやーまいったな、幼いころ蚯蚓で魚をつった記憶があります」

「人間って随分と惨いことをするのですね、されこうべさんは心が優しい人です。私にこんなに美味しい空気をくださって、許してあげる」

「いやー、てれますね」

「でもね、人間と言う輩はどれほどの人間を殺したら気が済むのですか」

「うーん、人間は欲望の塊みたいなもので、真に人間を愛することが出来ない輩がほとんどなのです」

「可哀そうな生き物ですね」

「蚯蚓さんたちは殺し合いなんぞしませんよね」

「この体を見て下さい。この姿で生き物は殺せないでしょう。ときおり心無い人に、醜いただそれだけの理由で殺される蚯蚓なのです」

「人間よりも、蚯蚓さんの方が美しい心を持っていますね」

「それはそれでいいのですが、放射能は困ります。薄い皮膚ですからすぐ汚染されます。福島の蚯蚓たちがとても心配です」

「蚯蚓さんの言うとおりです。私も福島の土壌動物がとても気になっています。魂だけになった人間にはどうすることもできない。本当に私自身、人間には呆れるのですよ」

「そうですか、されこうべさんはとても人間味ある方ね。私はそんな人が好きですよ。たっぷり空気を吸わせてもらいました、ありがとうございます。なぜかお別れするのが寂しいのですが、また明日、立ち寄ってもよろしいでしょうか？」

「蚯蚓さんとは気が合いそうです、いつでも立ち寄って下さい」

目がないのに、なぜか怪しげな秋波を感じる。あのぬるぬるとした蚯蚓が可愛く見えてくるから不思議なものだ。

「ではまた明日おじゃましますね」

「おい、おい、排水穴はそっちではない、右側ですよ」

「申し訳ありません。まぁーたまには分からなくなる時があるのです。朝から晩まで暗黒の土の中ですからね……」

「明日は迷わずに、これますか？」

「大丈夫です。四億年の口触手がありますからね……」

蚯蚓がお尻をふり、薄笑いしたように見えた。

カロートの中は孤独に満ち溢れている、日が当たるわけでもないし、誰も来ない、ときおり彼女、蚯蚓が立ち寄るだけだ。

湿度があり、べっとりとした地中のカロート。

生命が海から誕生したのであれば、こんな暗い石のカロートではなく、あの蒼く煌く美しい母なる大海に帰してもらいたいものである。

＊

四百六十億光年の
未知なる宇宙
青き地球の人間よ！

この人間の有りようは
真に醜いぞ！

地球の人間がはじき出した時間は、一日が八万六千四百秒。
この宇宙の四百六十億光年のはるか彼方は数千億光年……の無窮の未知の世界。
二十光年の惑星に辿り着こうとすれば、三十八万年以上かかる。
八十歳まで生きても、たかだか二十五億二千四百六十万八千秒である。

人間よ！
一秒
一秒を
美しく
真に生き抜け！

（※カロート（唐櫃）・お墓の地下部に作られる納骨室）

虫けら

八千万匹の一匹が生をうけ
妙な人間となる
やがて卑しき心に満ち溢れる
虫けらが人間となると
どうだ！
その傲慢な態度
胸にずらりと欲望を
勲章のようにぶら下げ
地面を歩く姿は
きみの悪い
黒い草鞋虫（わらじむし）のようだ
剣を持ち

銃を持ち
人間を殺す
人間よ
虫けらが
ようようと辿りついた先が
人間だ！
あの六十マイクロメートルの蛋白質の
奇妙な虫けらとは
想えぬ有りようではないか

死すれば
また生まれ　また死する
変容を繰り返す人間よ
たかだか二百年前は籠を担ぎ
地べたを歩いていたのだ
それがどうだ！

四つの車輪をつけ時速百キロで走りゆく
人間様の有りようは
あの六十マイクロメートルの蛋白質の虫けらとは
想えぬ有りようではないか
あの虫けらが
立派な革靴をはき
背広を着こなす姿、
叢の虫どもが
せせら笑いをしているのを知っているか、
八千万匹の虫けらが懸命に辿りつこうとする
人間という世界
人間となった君よ、
恥じることはないか
あの虫けらが
懸命に人間に辿り着こうとする
無垢な姿を

見ろ！
欲望に満ち溢れた
人間よ
虫けらに帰れ。

八千万匹の虫けらよ
死滅していった友よ
戦に負けたのではない
僕を護り続けたのだ
君たちがいなければ
僕は
人間様に辿りつかない
人間様となった感想はどうだ、
絶え間ない欲望が群羊のようにおし寄せてくる。
美食欲に埋もれ
性欲に埋もれ

金欲に埋もれ
虚妄の世界に埋もれる
哀れな人間様です
人間様を鏡で見つめたことがあるか
あのきみの悪いゴキブリよりも
もっときみの悪い自分を見つめたことがあるか
あの六十マイクロメートルの蛋白質の
妙な虫けらの
けがれを知らない無垢な姿を
見つめるがよい。

己の醜さに気がつけ！
人間よ
人間よ
さようなら…

墓石の中

平成三十年四月十六日早朝六時十五分私の眼は閉じたままであった。心臓の鼓動はすでに停止し、すでに体温は無くなっていた。

医師が来て死亡が確認される。

慌ただしく葬儀の準備が始まってゆく。

何やら白い布がひかれた木のお棺とやらにおしこめられる。

坊主が退屈な経を上げ始める。

「この坊主、二日間でどれほど稼ぐのか、まさかここに来る前に特上の寿司なんぞ食べてきたのではないだろうな?」

戒名が一文字数万円といった世界である。私みたいな無神論者には戒名など無用である。俗名で結構である。

「おい、おいどこに連れて行くのだ」

どうやら火葬場に行くみたいである。

隣の炉から悲鳴らしき叫びが聞こえたような気がする。私は随分とまじめに生きてきたつもりだ、人助けだってしたことがある。どうしてこんな残酷なことになるのか、おかしくないか。

「あー　蒼白いガスの焔が…」

四方から押し寄せる。不思議なほどに熱さと言ったものを感じない、体についていた肉体がどんどん燃えてゆく。体がどんどんと軽くなっていくのを感じる。

「あー」

とうとう白き骨だけになってしまった。

骨壺の蓋が開けられ遺骨がどんどん入っていく。最後は棒で突かれ残りし遺骨が詰められる。

その姿じつに哀れなり。

焼かれし腐臭が微かに漂う、死んでみなければ分からない空虚感がおしよせる。

春風が四方から緩やかに押し寄せるなか私は冷たく暗い墓石のなかに閉じこめられる。墓石のなかは湿っぽく寒い、私はこの墓石のなかに見捨てられたように散らばる。

どうやら遺骨が土に還るまで百年ほどはこの暗い石のなかで耐えていかなければいけない。

生きていた時も、孤独の狭間に苦しめられ、死しても孤独のなかにある。隣の墓は絶え間なく人が来ている。花、菓子、缶ビールまで上がっている。それに比べどうだ、吾が墓石には何も上がっていない。あるものはカラスにかけられた白き乾燥した糞と、落ち葉が物寂しく上がっているだけだ。

今日は隣のご婦人の命日みたいだ。坊主が退屈な経をあげている。

「あら、そんなお坊さんまで呼んで、無駄なお金を使わないで」

と呟きが聴こえてくる。

「隣のだんなさん、騒がしくて申し訳ありません、もうすぐ終わりますから、あとで少しお話しませんか」

夕闇せまる頃墓団地は静まりかえり、カラスがカーカーと鳴き紅空の彼方に消えてゆく。

「お待たせしました、あーあーなんだか疲れてしまった。ところでだんなさん、どんな病気で亡くなられたのですか?」

「それがよく分からないのです、亡くなる十日ほど前の血液検査ではすべてが正常値で、医師から素晴らしい検査結果です申し分ない。と太鼓判押されたのです」

「それがどうして死ぬ訳ですか」

「亡くなる前日の夕方、赤子の時から背中に張り付いていた死に神が、とうとう痺れを切らし、そろそろ行けよ、なんて呟くのです。あげくの果てに、そろそろ七十過ぎるだろう、ちょうどよいところで死んだ方がいいぞ、俺は死にそびれた人間を大勢見てきている。あそこまで生きると哀れなものだぞ。さーぁ今日は飲めよ、特上のスコッチウイスキーだぞ、好きだろと勧められましてね、一本開けてしまい気が付いたら自分の葬儀の真最中でこの有様です。いま思えばあの死に神にやられたね」

「お酒好きなんですね、私も毎晩缶ビール飲むのですよ、暗くなる前に二人で飲みましょう」

「ところで、ご婦人は亦どうして墓石の中に」

「乳癌よ、右側はないのよ、少し手遅れで墓石の中ですよ。あーそれでも良かった私たちって姿が見えないのですものね。実はね娘が墓の中冷え込むから、寝る前にウイスキー一口飲んで寝るといいよと言って置いていったの、ビールでは冷えますからこのウイスキー飲みましょう」
「優しいお嬢さんですね、私のところなんか誰一人訪ねてきませんよ」
「あら二人で飲むととても美味しいわ」
「これは美味しいウイスキーだ、胃のあたりがキリキリして生きていると言った感じがしますね」
「私たちこの墓団地で生きているみたいですね」
「墓石の中でウイスキーが飲めるとはね……顔は見えないのですが、ご婦人はきっと美しい方なのでしょうね」
「あら恥ずかしいわ、亦明日お会いできますか」
「もちろんですよ」………………

夏が過ぎ、
朧月が墓団地を幽かに照らす
夜に啼く蟋蟀（こおろぎ）の旋律が寂しく響く。
やがて秋も終わりを告げ
この墓団地は雪の中にうもれる

誰一人としてこない雪原となる。

終焉

息苦しく　微かに呼吸している
さ迷い歩き続けてきた
その道のりは今　終焉をむかえようとしている
癌細胞といった　虫けらに苦しめられてきたのだ
弱り切ったその肉体からは
最後の叫びが聞こえてくる
痩せきった肉体は
微かに震え
ほんのりとした温もりまでも　奪いとろうとしている
君は最後の息を吸い込み
終焉が告げられる
残された体温が微かに消えて逝く

「ほら　こんなに　冷たくなって」

病院の担当者が来てなるべく早く
遺体を出すように指示される
すぐ葬儀屋に電話をし　葬儀の準備をするのである
つぎからつぎとやることがあり　悲しんでいる時間が無い
葬儀屋の車が付き　病院の裏口から追い出されるように
病院とお別れする
自宅の布団の中に寝かせてあげる
冷たい肉体と一晩ともにする
「ああーもう死んだのだ　これからどうしよう…」
殺伐とした空しさが満ち溢れる
先が見えてこないこの不安感は
体験したことのない未知なものである
翌朝葬儀場の方に移され　柩（ひつぎ）の中に入って逝く

顔のふちまで花に飾られ
顔に化粧が施されていた
唇に薄く塗られた紅色が
震える体と瞼を和ませる
坊主が来て通夜が始まる
走馬灯のように思い出が駆け巡る
翌朝は告別式　お別れの日がやってくる
ただ空しい
ただ空しいだけだ
柩にどんどんと花が入っていく
蓋が閉じられ　石で釘を打って開かなくするのである
死者が逃げ出すわけでもないのに
そこまでするか！
バスに乗り火葬場につく
焔の中に消え逝く　儚さ
白き遺骨になる　儚さ

漂う幽かな遺骨の臭い
君の臭いだ！
生温かい　骨壺を胸に抱きしめ　外に出れば
蒼い宙（そら）が空しく広がっている
残り人（びと）
寂しきかな…

添い寝

風も吹かぬのに
夜に啼く虎落笛（もがりぶえ）
風も吹かぬのに
薙ぎる氷雨

床下で啼く
蟋蟀の
寂しき旋律

氷雨止めば
黄み色の月の微光が

大地を覆う
夜の雨雫の
寂しき旋律

夜に漂う寂しさが
醜い人間の魂と
添い寝するときだ

秋の海原

紅色に反照する海
夕闇に消えた太陽を求め
鳥が群れをなし羽ばたいてゆく

宵の海
朧な月が蒼白き微光を放し
海原を照らす
月の微光が瑟瑟（しつしつ）と心に宿る

揺籃（ようらん）のように揺れ返す
幽かな波音の旋律
夜陰（やいん）のしじまに揺れる海

地平線が歪み
曙光（しょこう）が訪れる

空しい日々

生きることに疲れ果てたが
夕闇が訪れるように
死は訪れない

*

重い海が暗く、揺れている
この途方もない水量は
死の領域なのか

*

翳が追ってくる
翳に包みこまれ
闇の樹海に眠る

*

風に揺れる雲のように
今日は北に、明日は西へと
蒼穹を漂う

*

曙光の頃に薄らと生まれ
夕闇に消えゆく翳、
死に方を選べぬ空しさよ

＊

「今日はどちらへ」
難破雲のように風まかせ
夕闇の静寂（しじま）に消えてゆく

＊

死なんぞ、怖くないぞ！
などと息まいてみたが
身体の震えが止まらない

＊

自然がなすがままに
吾が命、委ねれば

波うちの泡沫（うたかた）の如く消えてゆく

＊

難破船のように波にうたれ何処へ
沈む夕日の赤い反照
海原の木屑となり岸辺につく

＊

生きることの切なさ
死することの恐ろしさ
波紋のように瑟瑟（しつしつ）と旅は終結する

＊

生命は驚異的であり、死は不安で不快だ
なぜ生まれ、なぜ死んで逝くのか
この宇宙の前後を知る者は誰一人といない

*

朧な月夜
墓場の叢が濡れている
死者の歔欷（きょき）のうねりが聴こえてくる

さだめ

深き霧雨の中をさ迷うように
自分の進む先とは見えにくいものである
霧雨が明ければ
蒼い海原と
揺らぐ地平線が浮かぶ
その先は蜃気楼のように
浮かび上がり
消えてゆく
僕はこの先どうなるのであろう……
死すると言うさだめがある
現実はどうなのか
僕は絵を描き

自分の死すら見つめようとしないときがある
体験できない自分の死を見つめるとき
静寂と折り重なるように不安が生まれてくる
筆をもち
静寂と不安をキャンバスに描く
息苦しい時間のすぎゆくなか
描いても　描いても
不安が生まれてくる
描き続けることが不安と共存できる
唯一の手段である

海

重い波が蔽いかぶさり
精神が深い海底の底に
埋もれてしまうときがある
生きているのか　死んでいるのか
何方（いずかた）でもない　空隙のなかに僕はいる

どこまで生きればいいのか…
何処で死するのか…
死に方さえ見えてこない…
この海原の水量は重く孤独だ

暗い海の静寂（しじま）には孤独が無限にある

孤独が無いと
人間であることを見失うものである

僕は暗い海が好きだ
暗い海の先に　無限の広さを感じる
そこに　死と生が混じり合い
暗く重い水量が無限のようにある

暗く重い深海は
ひたすら沈黙し精霊が宿る
この惑星の途方もない海の水量を感じている
この海の広さは恐ろしく　無限で孤独だ
海はこの惑星で唯一の
死の領域なのかも知れない

宇宙は波紋のように広がってゆくが

海は重く海底に淀む

闇夜の遥か彼方の地平線より
曙光が訪れ
濁った大気が
宙(そら)と海を覆い
平らな波一つない日常生活が始まる

日常生活が僕の絵の邪魔をしている

愛しき人

澄みゆく秋
なごりおしき花びら
手で触れてみれば
その天鵞絨(びろうど)色(いろ)の
肌の毛羽たつ美しさよ
滑らかにて花びらの肌にあらず
懐かしき女体の肌
散り逝く花びらの
儚き翳を観る

愛しき人よ
想う心は夢のなか

愛しき人よ
求めしどもこの手のひらにあらず
夜陰の石のなか
墓場の叢で啼く蟲の声…

故郷

バラック住宅の窓から見える
緩やかな山並みの彼方に樽前山が見える

かびのはえた畳
かけた食器
穴が開いた靴
燻る薪ストーブ

冷たい小川が流れ
魚が夢を掴むかのように泳いでいる

静かな月明かりの中

蛍の燐光が小川の叢から舞う

懐かしき父の顔
懐かしき母の顔
懐かしきポチの顔

月光仮面がサングラスをかけ
白きマフラーを靡(なび)かせ走る少年

裏山の木の上から傘を開き飛んでみたら
足を骨折してしまった

遠き思い出が蜃気楼のように
浮かび　消えてゆく

あー遠き懐かしや故郷

旅路の夢の中

語りかける絵

一

体に毒が廻り
手がしびれる
お前が一番好きなカドミュウムレッドには
鉛が入っている、
筆をなめる癖はやめろ!
もう手遅れだ
柩がドアの横においてあるではないか

二

なかなかいい感じで
腐ってきたな！
ほら　見てみろ
蛆虫が一匹落ちてきた
少しはましな絵になってきたではないか

絵が腐る

きょう絵を描き終える
「祝いだ！」
と、
酒を飲む。
酔うほどに、よき絵に見えてくる
不思議だ、
朝めざめ
絵をみれば
右端より腐ってきている、
まるで
人間のようだ。

雪降るころ

重い腰を下ろし
白いキャンバスに向かっている
薪ストーブの赤い炎
窓の外は雪が深々と降っている

老人は観たことのない冬の情景をえがいている
人影はなく
朽ち果てた建造物
凍てつく荒涼とした大地
休むことなく動く手先は
何かに取り憑かれたかのように
絶え間なく動いている

きっとこの老人は
このえがいている情景の中に
自身の死に場所を見つけたのに違いない

未完で生まれ
未完で死に逝く
空しき定め
せめて生ある限りは自身の見つめる世界を
完結しようとしているのか

悠久のなか老人は完結することなく
灰となり
凍てつく大地に吸収されて逝く
キャンバスにえがかれた情景は
未完である

時空を越えるとき

一九五〇年　ダリが水の被膜を捲り上げ
岩陰の海底に寝ている犬の姿を　我々に見せつけた
無垢な全裸の少女が岸辺の海に入り　海面被膜を捲り上げ
海底で昼寝している犬を我々に見せつけるのである
しかしその裸の少女の生殖器は　少年の生殖器である
どうも幼き頃　ダリは少女だったと思っていたみたいだ。
その絵の題名は
「海の陰で寝ている犬をみせるために水の被膜を持ち上げる、
自分を少女と思っていた六歳ころのダリ」
何と長い題名である
この題名そのものが　すでに二次元を離れている
絵を志すものであれば一度は写真等で見たことがある絵だ

絵画は二次元である
しかし描かれた被膜の中は三次元を掠（かす）め　四次元空間にある。

十六歳の少年の脳裡に強烈に焼き付き
ダリ紛いの絵を描いていた少年時代があった
平面絵画は二次元の世界
決められた白い領域のキャンバスに一つの点を生（み）いだす
私の絵画はほとんどが空である
地平線の手前に朽ち果てた街並み
生するものがいない茫漠とした情景の絵である
私は宙（そら）をカッターで切り　両手で開けてみた
薄青い空の被膜の先は三次元から四次元空間であった
さらにその先は　パラレルワールド　五次元空間が広がる
誰一人実体験のない　観測すらできない世界が
上下に左右にも存在している

私の心は滾る！
五次元だ！

三次元世界をひたすら描き続けるなど　実に馬鹿げている
生きている意味がない　描く意味がない
そんな絵を描く画家は　子供の絵の世界を観察するが良い
純粋で無垢な絵はすでに四次元空間を彷徨っているではないか
「君、
平面な二次元の子供の絵だよ！
よく見たまえ」

私が描こうとする世界は三次元の遥か先　四次元空間にある
五次元は理論上の空間とされているが、
確実に存在している
私はいまその空間を見ようとしている。…

虚無

窓越しの椅子に座り
春霞の宙（そら）を見つめている
山並みが霞み
大気は揺らぐ
風は若葉の梢を揺らし
樹々の間隙を抜け　森の彼方へと消えてゆく
空っぽな宙は霞み
難破雲があてもなく浮いている
空っぽな春だ！
空っぽな私だ！
真っ白な
キャンバスが　空しく私を見つめている、

瑟瑟と流れゆく時間
何も生まれてこない
白い空っぽなキャンバスが
アトリエの四隅で俯いている

路

絵を描き終えると
道路の突き当りに出会う。
あーここで終わりか…
ウイスキーを飲み　深い眠りにつく
朝目覚め
絵を見れば
新しき道路がどこまでも続いている
驚きだ！

春

春がやってきた
七十二回目の春は
何も変わることなくやってきた
微風が頬を撫で
雲は揺らぎ
梢に若葉が芽生え
大気は仄(ほの)かな香を漂わせている
桜の花は咲き
微風のなか散ってゆく
変わることのない春だ

刻々と変わり逝く　吾が姿

妖精のような肉体から
醜い肉体に変容してきた
しかし精神は老いるごとに深まり
美しく煌く…
されど煌けば、煌くほど
吾が終焉の道程が観えてくる
もう戻ることのできない
崖の淵で竦(すく)んでいるのである

人間なんてそんなものさ！

東風（あゆかぜ）

山肌のはだれが美しい
春は変わることなく訪れる
東風が梢の新芽に寄り添う
東風が鳥をはこび
詩（うた）を奏でる
春が来た、
変わることのない春だ。
七十二回目の春だ
七十二回目の人生の始まりだ
腰は曲がり
肩は落ち
終末の道程の春だ！

残された日々は絵を描こう
絵画は僕を探し求めている
僕は精神的な深い淵にいて
絵を描いている。
ただの人生の傍観者にあらず
つきることない言葉と
魂である絵画がある
人間は何処までも孤独であれ、
何処までも…
もうすぐ終わりがあるから――
絵を描こう
まいにち絵を描こう
きっと、
七十三回目の春がみえる

道

ひたすら細い道を歩かねばならない
足を引きずり歩けば
梢に下がる枯れ葉に
寂しさがぶら下がっている
蒼空に孤独が無限にぶら下がっている
老いゆくとき寂しさと孤独は
吾うちに共有出来るものである
道は細く見え隠れするが
それを深く静思することができる

詩人よ　詩を書こうとしてはいけない
心から呟け　飾りのない言葉で！

画人よ　絵を描こうとしてはいけない！
自身の叫びを　白きキャンバスに吐き出せ！

死　㈠

朝方に　ひと　一人　生まれ
真昼に　ひと　一人　旅立つ
暗夜に　ひと　一人　生まれ
朝方に　ひと　一人　旅立つ

死はゆらゆらと後方にあり
翳となり　空気になり
変容をくり返し
ある日後方より纏わりつくのである

儚き我が身を知れども
生きたく

生けども
暗き闇のなかにて
ひたすらに身を竦め
佇む

陽は沈み
亦
陽は昇る

いつものように
亦
朝方　ひと　一人　生まれ
朝方　ひと　一人　旅立つ

死　㈡

生は驚異的であり
死は不安で
不快だ！
なぜ生まれ
なぜ死んで逝くのか
自然の理である。
その精髄を知ろうとすれば
宇宙の神秘の不思議さ、
その前後を知る者は
誰一人いないことに気付く。

夕暮れ

夕暮れに山のぼり
黄土色の月みれど
吾が心　陽炎のなか

夕暮れに山のぼり
群峰みれど
吾が心　夕靄に浮かぶ
灯火に似たり

夕暮れに山のぼり
天空みあげれども
吾が心　暮れゆく

反照の陰翳に包まれる

夕暮れの叢で啼く
蟲の声
チリ　チリと啜り啼く
吾が心　歔欷（きょき）の渦のなか

夕暮れの海原に煌く
反照の風浪
吾が心　揺らぐ風浪のなか

夕暮れの墓石の物寂しさ
死者の霊魂（たましい）が月翳に消えてゆく

見捨てられた墓

夜の静寂(しじま)に眠る墓

四つ　五つ
一つは倒れている

蒼白月の放つ燐光が
叢の墓石を照らす

霊魂(たましい)が……
すすり啼いているのか？

　チー　チー

チー　チー　チー
地中のカロートの中から
微かに聴こえてくる

蟲の声か
死者の声か？

寂しい
寂しいぞ！

ああー死する者の
寂しき霊魂よ、
ああー生きる者の
つれなさよ。

老いる

腰は曲がり
手足は曲がり
とぼとぼ歩く姿……
ああー
あー
哀れや、
哀れや、
冬空に雪が舞う
寒いぞ、
寒いぞ、
と、
足を進めども

北風に押され
蹲る
明日は燃え滾る
焔のなかか……
雪がふる
雪がふる。

皺（しわ）

君の墓穴そこにあり
深い闇のなか

その貌みれば
ふかき皺　ときを刻む

髪　銀色に染まり
夕映え背負えば
髪　薄紅色に染まる

紺碧の闇夜を迎え
墓穴覗けば

闇のなかより
吾が叫び声　聴こえし
いまその無窮の闇に
入らんとする

緑陰（りょくいん）の果て

梢の葉が
転げ落ちるように
秋がやってきた

山々は紅色に染まる
夕闇に消えた太陽を求め
鳥が群れをなし飛んで行く

朧な月が蒼白き微光を放つ
空しき　心に
啜り泣く蟲の声

盲目の闇に包まれ
彷徨う闇の静寂(しじま)、

幽かに漂う潮の香
森を抜け
波うつ砂浜に佇めば
砂浜に転がる
アコヤ貝の煌き

漆黒の海原の彼方の
地平線が歪み
黎明が訪れる

ああ――――

今日も亦

厚みのない平らな、
日常生活がやってくる
秋深まる朝潮の風浪の寂しさ

蜉蝣（かげろう）

一生とは
儚く
蜉蝣ごとき身なり

空を舞い
地を這いずり廻り
いまその銀幕を閉じようとしている

生も死も私の意思ではない、
私はただ生かされているだけだ。

時空を彷徨い

老いゆく私に
死に方を選ぶことは出来ない

大きな翳の片隅で
腰をおとし
背を丸め、
幽かに呼吸をしている
害虫ごとき身なり。

冬の日

寒々とした灰色の空
白く霞む大気
耐えがたい
冬がやってきた

寒いぞ！

深い皺の入った貌がゆがむ
燻る薪ストーブ
燃えろ
薪がない
金がない、

腰が痛い
暖かい温もりが欲しい。

暖かい手足が欲しい
窓ガラスに滲む冬の結晶

布団にくるまり
懐かしき
母の乳房（ちぶさ）に触れる。

秋日

紅樹（こうじゅ）の山々
蒼空に歪む雲
夕映えに消えてゆく鳥
反照の紅空に浮かぶ月
夜の帳（とばり）に
啼く蟋蟀（こおろぎ）の寂しき旋律
曙光の静寂（しじま）に消えてゆく月
曙光に
幽かに啼く
鳥の旋律
朝靄たちこめ
氷雨が降る

春がやってきた

家の廊下の四隅に親指ほどの
黒く微かに揺れている怪しげな物体がいる
気味が悪い
なんの蟲か…
塵取りを取り恐る恐る、箒でそうっと落とすと
何と黒い塊がバラバラになり
〇・五ミリほどの蜘蛛（くも）の子が数千匹ほど
一斉に左右に動きだす
その気味の悪さにはたまげた！
思わず手から塵取りが床に落ちる
廊下一面　蜘蛛の子で蠢（うごめ）いている
悲鳴が上がる！

春が来たのだ
あちらこちらで生命が誕生している
春が来たのだ
私の心はまだ　秋と冬のなかにある

蜘蛛の食卓

長い糸を引き
蜜のべたつきにも似た網を仕掛ける
幾何学模様の食卓である
あらゆる蟲が網にかかるのである
「あらあら、」
蟲が一匹網にかかり藻掻いている
何処に隠れていたのか
するすると八本足の蜘蛛が
音もなく現れ　藻掻く蟲に毒を注入
蟲は痺れ　おとなしくなる
蜘蛛はべたつく糸で蟲をぐるぐる巻き
真白な綿にしてしまい

食卓に置き去りにして消えた
空が赫々と反照するころ
幾何学模様の食卓で
八本の足を怪しげに使い
美味しそうに夕食をしている
夕闇の反照の空が
空しく見える
もうすぐ闇の世界
明日はどんな御馳走が待っているのか

死者の巡礼

三十七兆二千億個の細胞が死滅したとき私は死者となる

—黄泉の世界—

時計は歪み
時を刻む秒針は停止する

私は森閑とした　凍てつく大地の丘の上にいる
細く曲がりくねった道がどこまでも続き
無垢な山並みの彼方へと道は消えてゆく
樹々は朽ち果て　草花一つ生えていない
朧な太陽は凍てつき

大地は鈍色に染まり　この世の情景にあらず
底知れぬ寒気の風が吹き抜ける。
道端には人骨がどこまでも散らばり
髑髏(どくろ)の髪が黒く揺れ　私を見つめている
荒地からはみ出す足骨が
手骨が
カタカタと揺れている
あざ笑うかのように見つめてくる白骨
「おおー何たる情景か！」
私はこの道程をひたすら歩いてゆく
死者に眠りはない

闇夜になると　人骨が怪しげな燐光を放し
幽かな音が耳元に触れる
コツ　コツ
カキ　カキ…………

ときおり漂う人間の腐臭
腐敗した肉体に群がる蛆虫ども
血糊の腐臭か
過去の自身の腐臭なのか……

道端の枯れ木がカサカサと揺れ
空はどす黒く　闇夜の分厚き雲が垂れ下がり
月は不気味なほど蒼白く
細く歪み
冷酷なほどの恐ろしき情景は
この世のものにあらず　黄泉の世界。

一つめの丘を越えると氷雨が鋭く薙いでくる
濡れ濡れしも　寒さも痛みも感じない
二つめの丘を越える頃　氷雨から雪に変わり

道端の河は凍てつき　大気は淀み
降り積もる雪は惜しみなく私に積もる
雪原を彷徨い
無垢な山並みの彼方へと　ひたすら歩き続ける。
宇宙の広がりのように無限に続く
黄泉の世界は森閑とした孤独な世界
過去も未来も存在しない、
死後たった一つ残された黄泉の領域である
死者の問いの巡礼の旅は続く。

人として恥じることはなかったか
欲に満ち溢れることはなかったか
人を真に慈愛することができたか
虚妄の世界に身をおかなかったか
絵画に真の背骨を入れたか…

問いかけはどこまでも続く――
人骨から放す蒼白色の燐光をうけ
時には跪拝し
巡礼は無窮の領域を彷徨う。

死者の巡礼は恩寵を受けようとするものではない

細胞は絶えまなく死滅し　再生されてゆくが
永遠とは続かない
宇宙の中では一刻である
人とは一刻
蜉蝣のように現実をさ迷い腐臭を残し去り行くさだめ
個物はやがて無になる――

*

亡骸は滾る焔の中で白き骨と灰になる
やがてこの骨すら無くなるときが訪れる。
私の手から離れた霊魂(たましい)は
どこを歩くのだ、
宇宙が膨張しているのであれば
黄泉の領域も膨張している
時空の果てまで
死者の巡礼は続く。

この宇宙の前後を知る者は誰一人としていない!

生きたや、死にたや

時の流れの速さに翻弄され
今日を失い
明日が見えては　消えて逝く
七十歳になれば　七十五歳の吾が姿を夢想する
七十五歳になれば　八十歳の吾が姿を夢想する
生きたや
生きたや
人生に疲れれば
死にたや
死にたや
　と、
想えども生きることの空しさ

死することのそら恐ろしさ
地獄など有るはずがない　死んだら灰になるのだと
意気込んでみたが
怖ろしや
怖ろしや
人などと言ったものが生き　死することなど
この膨張を続ける宇宙の中で
どれほどの意味があるのか
波紋のように広がる宇宙
死滅して逝く人間ども
死滅して逝く惑星の果て
ただ空しさだけが漂うではないか
黄泉の世界に地獄もなければ　快楽もない
　と、
想えども
誰一人体験したことが無い未知の世界

ああーこの空しき吾が肉体と魂
死に逝く日まで
火葬場の焔のその先まで
引きずり逝くだけだ！

灰となり

秋の広き蒼空に
空しくけぶり
天空を彷徨う　おまえの霊魂（たましい）は
漆黒の鳥に捕らわれ　どこを彷徨うか

昨日みた月は
闇のなか

昨日みたあの焔は
吾が肉体を攻め立て
焼き祓ったのだ

昨日みた
おまえたちの　薄笑いした泪など
なんの痛みも　感情すら持たない泪だ

おれは漆黒の鳥に捕らわれ
何処にゆくのか…
宇宙の果てか
海原の深海に淀むのか

ああー
秋空に空しくけぶる
吾が霊魂よ…

難破船

さーどこに行く小舟よ
風は北から南へ
海流は南から北へ
さーどこに行く

日没の反照の海は赫々と染まる
まるで血の海のように
揺らぎ煌く
錆色から紫色に変容
紺碧の夜が訪れ
海原は月の微光に導かれる

海原が歪み
小舟は
海原の木屑となり
海底を彷徨う

蒼黒の海底から
精霊が叫ぶ
暗いぞ
寒いぞ
寂しいぞ
と…
歔欷の声が
蒼黒の海原から微かに聴こえてくる

暮れ逝く水辺

水に映る
夕闇の反照

魂が
闇夜と
添い寝するときだ

深い
水辺の底で
鈴虫が啼いている
リーンー

リーンー

霊　園

空しき空の綿雲、夏の果ての物寂しい風が、公園のような緑なだらかな丘を漂う。ここは墓地である。

入口の左側の丘の上に模造のモアイ像がずらりと並ぶ。全基が東方向を見つめている。

イースター島のモアイ像の多くは島の海に面した高台に海を背に向け、集落を守るように立っている。モアイ像の台座から多数の遺骨が発見されていることから考えれば、墓碑である説が有力になってきている。死者が村をいつも見つめ、守っているのではないか？

この丘の上にある模造のモアイ像が東方向を向いているのは何か意味があるのであろうか、ただ注目度を高めるために作られたのであれば、随分とひどい話である。

さらに奥に進むとラベンターに囲まれた巨大な頭大仏※の頭部がラベンダーの丘

から貌をだしている。この盛り上がったラベンダーの丘の中に人が入ることが出来る。中に入ると、ドーム型の空間があり中央部の天井が円形に開いている。このドームの中に石で作られた、鎌倉の大仏と同じ大きさの、高さ十三メートルほどある大仏がある。その円形の開いた天井部から大仏の頭部が表に出ている。暗いドーム内は大仏の頭部の開いた隙間から陽が射し込むと言った、幻想的なものになっている。

お金をかけ、あの手、この手で客集めをしているようにも思えてくる。凡てが商売なのである。

生きていても、死しても私たちはこの商魂たくましい社会の流れに組み込まれていくのである。

その先の丘を越えると、総面積百八十万平方メートルの霊園と五万基ほどの墓石が並ぶ。丘を越え、次の丘を越えても、どこまでも墓が続く。巨大墓団地である。

*

田舎の墓が懐かしい。小さな石の墓、木で作られた墓標があり、腐って倒れている墓標もある。雑草がおい茂り、ぽっぽっと墓がある。

見捨てられたのか、叢に隠れてしまった墓もある。その一抹の寂しさに死者に寄り添うことが出来る。その方が墓場らしく想う。雑草一つ生えていない、管理された墓を見ていると、死んでも管理されているような嫌な思いが心の中を走るのである。

墓は永遠に残るとも言うが、木製の墓標が朽ち果てるとき、土の中の遺骨も、土にかえる日が訪れる。見捨てられた墓には、草花が咲き自然と一体になる日が訪れる。


雨の日も、雪の日も、兵隊さんのように、規律正しく整列している墓石の光景がなぜか奇妙に見えてくる。どの墓の貌にも個性と言ったものが無い。死者であるから個性を表現する必要はないのだろうか?

さらに奥の方に、右に曲がり、左に曲がり、また右に曲がると、普通の墓とは違う、高級な墓地、地域がある。

ここは少し違う、赤い大理石で造られたピラミッドの墓が有ったり、様々な個性に溢れた、六畳、八畳クラスの敷地に身の丈を超える立派な墓石が連なる。つまり、金持ちは墓でも個性と言ったものが表現できると言うことなのである。死後も金持ちと、貧乏人の違いを見せ付けられているような気がする。

この高級な墓、地域を抜けさらに奥の角を左に曲がると私の墓がある。

一畳ほどの敷地に小松石で作られた高さ一メートルに満たない小さな墓である。

この辺りの墓は凡てが同じ和式型の小松石で作られている墓である。

個性のない建売住宅のように並んでいる。色はほとんどがグレー系である。数回通わなければ自分の墓の場所が、なかなか覚えられない。北海道一の霊園である。

この墓も自分の意志で買ったものではない。母が亡くなった時に父が購入したものである。

すでにこのカロートには、父、母の遺骨が収められている。右を見れば母の頭蓋骨の一部が無動作に散らばり、父の遺骨が左側に散らばっている。私の遺骨はちょうどその中央の位置にある。私の霊魂（たましい）は存在しているのだが、母、父との会話はとれない。

多分、黄泉の世界は独り孤独な世界なのかも知れない。

死は体験することができないから未知の領域である。

蛋白質の虫けらが、人間となってゆく不思議さ、死すると言う不思議さ。

この人間の文明が齎す、深い孤独感、非人間的な有りようは、恐ろしく空しく悲しいものである。銃口が方向を失いあらゆる人間を無差別に殺してゆく、たった一つの核爆弾が何十万の人の命を一瞬のうちに奪う、人間の限りない欲望の悲しみの代償はあまりにも大きい。

いつの世も変わらぬ人間の有りようには、絶望する。

亦この時代がいかに非人間的であり、非社会的であり、一つの欲望が無残にも赤子すら殺していく悲劇が続く、あの無垢な子供たちが体を震わせ泣いている情景は見るに堪えられないものである。そばに母親が血に満ち倒れているその情景は、あまりにも人間の所業の恐ろしさを感じる。この小さな惑星、地球で天空を仰げば、あまりにも美しく煌く星漢（せいかん）の下で、醜い悲惨な所業が今この瞬間も繰り返されている。

私が描き残した絵画、詩は一人さえ救うことが出来なかった。いまこの二十一世紀の空しい、痛みと真に孤独な時代に私は何を描き、どんな詩を書けばよかったのか、死しても煩悶している。

*

夕闇せまるころ真向いの墓に、線香が焚かれ、蝋燭に火が灯される。
墓石の地下室、カロートの石蓋が開く。
小さな、ほんの少しの遺骨が納められてゆく。
若い母親の瞼から雨粒のように涙が落ちてゆく。
その、くす、くすと啼く声は寂しく、墓団地を蔽う。

きっと小さな赤子の遺骨か……
こんなに幼い無垢な赤子が死んでゆくのである。

こんなに皺だらけになり、地べたを這いずり廻り生きてきた人もいれば、まださほど何もしていない幼い子が、カロートの中に入ってゆくのであるから、何とも言えない、虚しさを感じる。

＊

死は神秘で未知のもの、体験できない唯一の存在である。それゆえに恐ろしく、
考えることすら拒否する。
誰しも辿り着く死の世界。時間も永遠も空虚すらも存在しない暗闇の広がりが
あるだけの神秘的な未知の世界だ。
老いたる者よ、ただ惰性で生きているのではなく、自身の窮極（きゅうきょく）を見つめ、静思
することが必要だ。

あの澄んだ暗夜（あんや）に見る星漢の煌き。
人間の心の醜さがあの星の数ほど押し寄せる。
あー耐えきれないほどの、この人間どもの醜さよ。
あー人間が虫けらであることに気が付いていない人間よ。
あー私はこの狭き墓石の中……

ま—私はちょうど好いときに死んだのかも知れない。七十二歳、今どき、ちょいと早いのではと言われるが、欲をかいていると死にそびれる。ちょうど好いところで墓に入ると、ちょうど好いものである。

生する痛みに耐えられない、どれほどの痛みを感じても、卑俗(ひぞく)な傲慢な人間の欲望は消え去ることはない。

*

一つ納得のいかないことがある。どうしてこの地下のカロートの中に入らなければいけないのか、疑問に思う。

私の意思などと言ったものは反映されず、火葬され、小さなカロートの中に押し込められてしまったのである。

この大地で生まれこの大地で死する、それが自然の理法であれば、亡骸は飢えるすべてのものの餌となり死するのが自然である。

またそこから草花が芽生える。

それが自然の理法である。

私は自然の一部であるはずだ。

残念ながら私は大理石の床がひかれた立派な火葬場の焔の中で、焼かれていたのである。

残りし遺骨はカロートの中である。

＊

叢で啼く蟲の声が
空しく聴こえてくる
墓石に纏わる
涼風の空しさ

この五万基の
墓石の物寂しさ

時空の中を
独り迷う吾が霊魂の空しさ

（※安藤忠雄が設計した頭大仏　高さ十三・五メートル総重量千五百トンの石像）

あとがき

詩と絵画はこの宇宙と、自然の空隙から生まれてくる。

そこに存在する空しさは、この宇宙の広がりにある。

音もない真空の中、波紋がどこまでも広がってゆく無窮の世界だ。


絵画は白い空白の領域、無の空間から一つの点を見出す。

凡てはそこから始まり、精神的な糧の中から平面絵画は生まれてくる。

詩も空白の領域から、深い精神的な糧の中から、言葉となり生まれてくる。

描こう、書こうとするものは陳腐なものではなく、空白の無の果てから、新しく生まれてくるものである。

作家は深い精神性と純粋な想像力が絶え間なく必要だ。

最も安全な中を進むのではなく、最も不安定で不確実の中から真実を探し求め、作品が誕生する。

つきることない孤独、つきることない不安、深い暗闇の沈黙の底から作品は未完の形で生まれてくる。時間を捨て、完成へと進むが、絵画も詩も完結することは無い。

未完である。

未完であるがゆえに煩悶する。

歓楽からは何一つ生まれてはこない。

*

文明の発展が次々と絶望を生み出し、非人間的な社会が戦争の悲劇を生み出す。思慮分別（しりょふんべつ）が出来ない人が、随分と多くなってきているようにも思う。絶え間なく繰り返す、悲惨な人間の所業は悲しみの大粒の涙と変わる。

無垢な幼き子が、傷つき、血に包まれ死に逝く姿を見ると、人間とはなんと恐ろしき所業を果てしなく繰り返すのか、人間として絶望感を抱く。私はどうしたら良いのか、ただの傍観者で良いのか……煩悶している。

全生命体の危機がすぐそこまで迫っているようにも見える。

自然災害がこれほどまでに、私たちに襲ってくるとは誰しも知るところではなかった。大自然は私たちの営みなどには全く無関心であり、嘲笑うかのように大地は途方もなく揺れ、家々は崩壊し、蒼い海は黒い鉄のような波濤となり人も家もすべてを海原の深層に包み込む。

私たちにはどうすることもできない、どれほどの科学技術もこの自然の途方もないエネルギーに打ち勝つことは出来ない。

自然の悲惨な猛威、恐怖、絶望のすぎゆく中で忘却が救いかのように宿る私たちである。

過ぎし恐怖を、けして忘れてはいけない、これからもこの大自然のエネルギーは途方もない災害を生み続けることを。

科学技術の最たる原子力発電所が大自然の猛威の中で崩壊してゆく有りよう、大自然を甘くみた愚かさが地球上もっとも危険な原子炉の崩壊、メルトダウンを招ねき、多大な被害が出ている。

神すらこの自然の悲惨な猛威を止めることが出来ないではないか。この地球上のあらゆる信仰が齎す悲惨な戦いの歴史、権力紛争、深い欲望の果てに、人が人を殺すと言う所業は人間が齎す悲劇だ。

自然災害はこの大地の宿命である。

＊

放射能が及ぼす環境破壊、避難民となった多くの人々はいまだ家に戻ることが出来ていない。これから何十年と言った歳月と途方もない金銭を費やし撤去作業が続いてゆくが、溶けだしたデブリは完全には取り出せない、最終的にはコンクリートで固めると言う説もあるが、それでも熱を発するデブリを冷やし続けなければいけないらしい。

チェルノブイリ原発はコンクリートで固め石棺のような姿になっているが、実際には作業員が数名そのまま取り残されている。まさに石棺そのものである。

放射能が強いため遺体を腐らす微生物が存在できないため、彼らは四十五億年以上そのままの形でいるらしい。

この地上で最も危険なウランを発見したのは、我々人間だ。

一つ事故が起こると途方もない時間と金銭がかかるが、完全にはもとに戻すことができないのが、我々の浅はかな技術なのである。

この惑星で最も危険なウランを作り出した人間の有りようを見てみれば分かるはずである。

ちなみにチェルノブイリの強制移住者は数十万人、死亡者三十人以上、約四千人が被爆したのである。

甲状腺がんなどで苦しめられている幼き子が大勢いるのである。

核燃料の主要物質であるウラン２３５は半減期で七億年、ウラン２３８においては四十五億年かかるそうである。

事故があっても、その処理方法のマニュアルさえない、原発には最悪時のマニュアルが無いのである、つまりメルトダウンを想定していないのである。想定を考えたら原発を作ることが出来ないほど危険に満ちているのである。

「今回の事故は想定外でした」と電力会社は言うが、私からすれば利益優先、絶え間ない欲望と、我々が作り出した技術の過信と無知が齎した犯罪でもある。

取り出したデブリは…処理方法も探しきれないでいる現状である。あの溜まりに溜まった百十一万トン汚染水のトリチウムの行き先は……おそらくこの母なる海に放出するのか、生命の誕生した母なる海、全人類の母なる海をこれ以上汚すのは余りにも自己的である。

最悪時の対処方法、マニュアルさえ出来ないような危険なものに手を付けてはいけないのである。決して負の遺産となるものを次の世代に残してはいけない。

空も海も私たちの生への、死への神聖な領域である。

やがて、この惑星から凡ての生命体が姿を消す情景の夢を見ることもある。生きている空しさを日々感じている。

絵画、詩、芸術がこれらの現実にどう向かい合って、表現してゆくのであろうか……

ただの傍観者で良いのか……

しかしどうあれ私たち個体は一人ずつ確実に久遠の世界に導かれる。老いゆく中で黄泉の世界を夢想することもある。

その体験できない死の世界に一歩踏み込むこともある。

文明が齎す環境破壊、自然災害の拡大、深き欲望が齎す悲惨な情景、生あるものは死すると言った現実、これらに纏わる不安が心の中に絶え間なく宿る。

これらの現実を精神の深淵に宿し、与えられ限られた時間と空間の中で、表現していかなければいけない。

そのことが私の生きている証なのである。

*

詩集『カロートの中』のカロートは墓石の地下にある納骨室のことです。誰しも辿り着く場所、死者が眠る場所です。

このカロートに入ることなく、大海原で、山の奥地で、密林の中で、死に逝く人、戦争で火葬されることもなく、野に放置され、腐敗し、黄泉の世界に逝く人もいます。そのことが哀憐に想う人もいるかと思いますが、奇麗に焼かれ、納骨室に入ることだけが人の死後の形ではないのです。

死に方は自殺以外選びようがないのですが、死は、どう言った形であれ受け入れなければならない、空しいものなのです。

著者

二〇一九年　春の宵

佐藤武　略年譜

一九四七年　北海道千歳市生まれ。幼いころより独学にて絵を描き始める

主な団体展・受賞

一九六五年　国際青年美術家展「日本・アメリカ展」池袋西武デパート
一九八七年　第5回上野の森美術館絵画大賞展特別優秀賞「箱根彫刻の森美術館賞」受賞
一九八九年　北海道の美術「イメージ動」北海道立近代美術館賞受賞
一九八五年　カナダ美術賞展　カナダ　ケベック市ガブリエロワ図書館
一九八九年　北海道今日の美術展「世紀末の風景」北海道立近代美術館
一九九〇年　次代をになう作家展　箱根彫刻の森美術館
一九九一年　第4回札幌時計台文化会館美術大賞展　国松登賞受賞
一九九一年　第6回東京セントラル美術館油絵大賞展　佳作賞受賞
一九九五年　時代を見る目　美ヶ原高原美術館
一九九六年　札幌美術展「幻想の刻・永遠の夢」札幌市民ギャラリー
一九九九年　作家の視点展　上野の森美術館
一九九九年　現代日本絵画の展望展　東京ステーションギャラリー
二〇〇二年　第11回青木繁記念大賞展　優秀賞受賞　久留米市石橋財団美術館
二〇〇六年　見えるもの↕見えないもの〜イマジネーションの力〜　札幌芸術の森美術館
二〇〇九年　紺綬褒章受章

二〇一一年　札幌芸術の森美術館コレクション選「佐藤武展―停止する追想―」
二〇一一年　札幌美術展「パラレルワールド冒険譚」札幌芸術の森美術館
二〇一二年　５００メートル美術館オープニング記念展
二〇一四年　ＪＲタワー・アートプラネッツ２０１４「プラットホーム―彼方へ」プラニスホール
二〇一五年　目で楽しむ音楽展　札幌芸術の森美術館
二〇一五年　佐藤武展　旅の終わり「雨上がる」時計台ギャラリー
二〇一六年　第10回北海道現代具象展（第一回～）北海道立近代美術館
二〇一六年　佐藤武　自選展　時計台ギャラリー
二〇一七年　佐藤武展「悠久のときを見つめて」千歳市市民ギャラリー
二〇一八年　佐藤武展「予感」岩見沢市絵画ホール・松島正幸記念館
二〇一八年　佐藤武展「時空の果て」洞爺湖芸術館

個展

一九六七年―二〇一八年
札幌・大分・福岡・岐阜・横浜・新宿・銀座等にて87回開催

作品収蔵

一九八七年　上野の森美術館
一九八八年　北海道立近代美術館
一九九〇年　カナダ国学士院
二〇〇八年　札幌芸術の森美術館

出版

一九七八年　詩画集「架空の人物」詩　絲りつ
一九八四年　佐藤武作品集
一九八六年　詩画集「回想」詩　小田節子
二〇一三年　佐藤武画集
二〇一六年　エッセイ　時空を駆ける青春
二〇一八年　写真集「幽邃の鳥沼」

カロートの中 ——佐藤武 詩集——

二〇一九年七月二十七日発行
著　者　佐藤　武
発行人　林下　英二
発行所　中西出版株式会社
〒〇〇七－〇八二三
札幌市東区東雁来三条一丁目一－三十四
ＴＥＬ〇一一－七八五－〇七三七
装　幀　笠井真紀子（中西印刷株式会社）
印　刷　中西印刷株式会社
製　本　石田製本株式会社